선교 첫걸음

선교 첫걸음

지은이 | 황덕영
초판 발행 | 2026. 1. 14.
등록번호 | 제1988-000080호
등록된 곳 | 서울특별시 용산구 서빙고로65길 38 두란노빌딩
발행처 | 사단법인 두란노서원
영업부 | 02)2078-3333　　FAX | 080-749-3705
출판부 | 02)2078-3331

책값은 뒤표지에 있습니다.
ISBN 978-89-531-5238-0 03230

독자의 의견을 기다립니다.
tpress@duranno.com　　www.duranno.com

두란노서원은 바울 사도가 3차 전도여행 때 에베소에서 성령 받은 제자들을 따로 세워 하나님의 말씀으로 양육하던 장소입니다. 사도행전 19장 8-20절의 정신에 따라 첫째 목회자를 돕는 사역과 평신도를 훈련시키는 사역, 둘째 세계선교(TIM)와 문서선교(단행본·잡지) 사역, 셋째 예수문화 및 경배와 찬양 사역, 그리고 가정·상담 사역 등을 감당하고 있습니다. 1980년 12월 22일에 창립된 두란노서원은 주님 오실 때까지 이 사역들을 계속할 것입니다.

선교 첫걸음

일상에서 전하는 삶을
주저하는 당신에게

—

황덕영

두란노

• 차례 •

 당신의 삶이 곧
하나님의 선교지입니다

할렐루야, 사랑하는 독자 여러분.

저는 오랫동안 선교에 대해 질문해 왔습니다. 선교는 어디서 시작되는가, 오늘을 살아가는 성도들에게 선교는 어떤 모습이어야 하는가, 하나님 앞에서 우리는 어떤 삶으로 부름받았는가 하는 질문입니다. 질문을 붙들고 말씀 앞에 서 있을 때 마음에 분명해진 한 가지가 있었습니다. 예수님이 이 땅에 복음을 전하러 선교사로 오신 것처럼, 예수 그리스도를 구주로 고백하는 모든 성도에게 선교는 이미 주어진 부르심이자 정체성이라는 사실입니다.

그렇다면 우리의 부르심이요 정체성인 선교는 어디에서 시작될까요? 저는 선교는 선택 사항이 아니며, 지금 내가 서 있는 삶의 자리를 선교지로 세워가는 걸음에서 시작된다고 믿습니다. 오늘 나에게 허락하신 가정, 캠퍼스, 일터와 모든 관계가 하나님께서 보내신 자리입니다. 성령 하나님께서 우리 마음에 영혼을 향한 당신의 마음과 복음의 사명을 새겨 주실 때, 비로소 선교가 시작됩니다. 지금 이 순간, 일상에서 선교를 시작하길 권합니다.

이 책은 여러분 안에 이미 주신 선교적 부르심을 깨우며 본질을 붙잡도록 돕습니다. 교회는 단지 모이는 공간에 머무르지 않고, 세상 속으로 흩어지는 복음의 공동체입니다. 마가의 다락방에서 기도하던 제자들에게 성령이 바람과 불처럼 임하셨을 때, 바람과 불이 멈추지 않듯 성령이 임하신 교회도 멈추지 않았습니다. 제자들은 성령이 임하신 그 자리에서부터 예수 그리스도

의 이름을 선포하며 복음의 능력으로 세상을 향해 나아
갔습니다. 우리 역시 각자의 일상에서 지금 이 순간 복
음을 전하며, 주저앉아 있는 수많은 영혼을 살리는 '선
교적 교회'(Missional Church)로 부름받았음을 믿습니다.

선교적 교회의 본질은 단순합니다. 내가 선교사로 살
아가면 됩니다. 진짜 선교는 말만이 아니라 실천의 삶
입니다. 하나님께서 내게 맡기신 자리에서 주님을 증
언하며 살아내면 됩니다. 어떤 분은 "저는 무엇을 해야
할지 모르겠습니다"라고 말합니다. 그러나 하나님께서
는 모세에게 물으셨던 것처럼 우리에게도 "네 손에 있
는 것이 무엇이냐"고 물으십니다. 대단한 능력이나 자
원이 없어도 괜찮습니다. 제자의 이름으로 건네는 냉
수 한 그릇 같은 작은 섬김도 주님의 손에 올려 드리면

복음의 통로가 됩니다. 우리의 평범한 일상이 복음을 전하는 통로가 될 수 있다는 사실을 깨닫는 것, 이것이 바로 선교의 첫걸음입니다.

중요한 것은 그저 열심히 행함이 아니라, 진짜를 붙드는 것입니다. 그렇기에 무엇을 할까보다 무엇이 본질인가부터 물어야 합니다. 복음만을 붙잡고, 하나님이 주신 은사와 환경에 따라 각자 다른 방식으로 복음의 씨앗을 뿌리는 일을 해야 합니다. 여러분이 진짜를 붙들고, 선교의 걸음을 지속하기 위해서는 말씀과 기도와 예배의 삶이 필요합니다. 말씀은 어두운 눈을 밝히고 기도는 영혼을 깨우며 성령 충만한 삶을 가능하게 합니다. 그래서 이 책에서 하나님의 비전을 소개하고, 기도, 말씀, 예배의 회복을 강조했습니다.

사랑하는 여러분, 이 책을 통해 여러분이 '선교'라는 부르심 앞에서 더 이상 주저하지 않기를 소망합니다. 선교는 부담과 의무가 아니라 은혜이며 기쁨입니다. 주님이 시작하신 일이기에 주님이 이루십니다. 우리가 해야 할 일은 완벽히 준비된 다음에 출발하는 것이 아니라, 지금 주어진 자리에서 첫걸음을 내딛는 것입니다. 그 순종의 걸음은 반드시 누군가의 구원으로, 회복으로, 예배로 이어지게 될 것입니다. 나의 한계나 열매 없음에 실망하지 않고 믿음으로 심게 될 것입니다. 주님 앞에 설 때 "잘하였도다, 착하고 충성된 종아"라는 칭찬을 들을 것입니다.

끝으로, 다 함께 이 한 가지를 기억합시다. 선교는 우리의 열심만으로 가능한 일이 아닙니다. 성령이 임하서야 가능합니다. 주님은 분명히 말씀하셨습니다. 성령이 우리에게 임하시면 우리가 권능을 받고, 내가 서 있는 예루살렘에서부터 유대와 사마리아를 지나 땅끝까지 이르러 주님의 증인으로 살아가게 된다고 말입니다(행 1:8). 성령의 임재가 선교의 여정을 가능하게 합니다. 이 책이 하나님의 부르심 앞에 다시 서는 은혜의 출발점이 되기를 소망합니다. 비로소 선교의 첫걸음을 내딛기를 기도합니다. 여러분의 일상이 선교가 되어 하나님께 가장 영광되는 선교적 삶이 되기를 주님의 이름으로 축복합니다.

새중앙교회 담임
황덕영 목사

STEP 1

지금 이 순간 하나님은 우리를 부르고 계십니다.
선교는 특별한 사람들만의 몫이 아닙니다.
우리가 있는 자리에서, 가정에서, 직장에서
이웃을 사랑하고 섬기는 것 역시 선교입니다.
우리의 삶 전체가 하나님께 드리는 선교적 헌신이 될 수 있습니다.

    몇 년 전 교회에서 선교주일을 맞아 마태복음 28장에 나오는 지상 대위임령을 나누던 때가 기억납니다. "너희는 가서 모든 민족을 제자로 삼아"(마 28:19). 너무도 익숙한 말씀이고 비전으로 삼고 실천해 온 말씀입니다. 그런데 그날따라 이 말씀의 무게가 더 깊이 다

가왔습니다. 하나님이 보실 때 '위대한 교회'란 위대한 명령에 순종하는 교회이며 '위대한 성도'란 위대한 명령에 순종하는 성도라는 깨달음이 찾아온 것입니다.

세상은 교회와 성도를 다양한 기준으로 평가합니다. 크기, 영향력, 재정, 프로그램 등 여러 잣대가 있습니다. 그러나 주님의 기준은 분명합니다. "주님의 명령에 얼마나 순종했는가?" 그분의 선교 명령은 '위대한 명령'입니다. 그러므로 이 명령에 따라 살아가는 삶이야말로 세상의 기준이 아니라 하나님의 기준에서 위대한 삶이라 할 수 있습니다.

예수님의 지상 대위임령(Great Commission)은 단순한 당부가 아닙니다. 주님이 십자가에서 돌아가시고 부활하신 뒤 승천 직전 남기신 유언과 같은 말씀입니다. 마태복음뿐 아니라 마가복음, 누가복음, 요한복음, 사도행전에도 이 명령은 반복돼 나옵니다. "오직 성령이 너희에게 임하시면 너희가 권능을 받고 … 땅끝까지 이르러 내 증인이 되리라"(행 1:8). 이 말씀을 남기신 직후 주님은 제자들이 보는 앞에서 하늘로 오르셨습니다.

주님은 반드시 다시 오실 것입니다. 그리고 우리는 반드시 그 앞에 서서 삶을 결산받게 됩니다. 그날 주님은 물으실 것입니다. "내가 떠나기 전 마지막으로 부탁했던 그 명령, 너는 어떻게 순종했느냐?"

이 질문 앞에 우리는 준비된 대답을 가지고 있어야 합니다. 삶의 우선순위를 점검해야 하는 이유입니다. 선교는 성도의 선택 사항이 아니라 주님 앞에서의 대답이 달린 문제입니다.

사람마다 인생의 우선순위는 다릅니다. 가족이 먼저인 이도 있고 일이나 건강, 재정이 우선인 이도 있습니다. 모두 중요해 보이지만, 모든 것이 똑같이 중요한 것은 아닙니다. 그중에서도 주님의 '위대한 명령', 즉 "모든 민족을 제자 삼으라"는 명령은 절대적인 우선순위를 가져야 합니다.

동화 속 청개구리는 엄마의 말을 늘 거슬렀습니다. 그래서 엄마 개구리는 죽기 전 자신의 무덤을 강가에 만들어 달라고 유언을 남겼습니다. 모든 말에 반대로만 행동한 자식이라 유언대로 강가에 묻지 않을 것으로 생각했기 때문입니다. 하지만 청개구리가 처음으로 엄마의 말을 듣고 강가에 무덤을 만든 후 비가 올 때마다 무덤이 떠내려갈까 봐 운다는 이야기입니다.

신앙생활도 청개구리처럼 엇박자를 내는 경우가 많습니다. 주님이 가라 하실 땐 머물고, 멈추라 하실 땐 달려갑니다. 순종보다 불순종이 익숙합니다. 그러나 유언은 지켜야 합니다. 청개구리도 유언은 지켰습니다. 우리가 그보다 못할 수는 없습니다.

더군다나 우리가 붙드는 말씀은 엄마 개구리의 말이 아닙니다. 하나님의 말씀입니다. 구원의 말씀이며 생명과 능력의 말씀입니다. 변함도 없고 모순도 없으며 일점일획도 헛되지 않은 진리의 말씀입니다. 이해를 넘어서는 완전한 말씀이며 살아 역사하는 말씀입니다. 그러므로 전적인 순종이 요구됩니다.

성경의 모든 말씀에 순종해야 하겠지만, 그중에서도 주님의 유언과도 같은 지상 대위임령은 반드시 붙들고 살아야 할 말씀입니다. 이 명령은 교회의 마지막 보루이며 성도의 마지막 자존심입니다. 선교를 포기하는 순간, 교회는 존재 이유를 잃고 맙니다.

오늘 하루 나의 우선순위는 무엇입니까? 직장, 학업, 가사, 육아…. 급한 일, 중요한 일이 쌓여 있습니다. 그러나 이 모든 삶을 허락하신 주님의 뜻은 무엇일까요? 내 삶의 우선순위가 주님의 우선순위와 얼마나 닮았는지 돌아봐야 합니다.

주님이 나를 세우신 그 자리, 보내신 그곳에서 선교 명령에 순종하십시오. 오늘 하루의 삶이 주님께 인정받는 삶이 되기를, 그리고 그 하루하루가 쌓여 주님 앞에서 칭찬받는 인생이 되기를 바랍니다. 세상이 말하는 위대함이 아니라 주님의 위대한 명령에 순종해 진정으로 위대한 삶을 살아가는 우리 모두가 되기를 축복합니다.

내가 있는 자리가
선교지입니다

　　캐나다에서 온 선교사 부부를 교회 선교관에서 만난 적이 있습니다. 그들에게 어떻게 한국에 오게 됐는지 물었습니다. 그들이 전해 준 이야기가 제게 깊은 울림을 주었습니다. 대학 시절 선교 단체에서 만난 한 교수님의 도전이 그들의 삶을 바꿨다고 했습니다.

"하나님이 마지막 시대에 선교를 위해 쓰시는 나라가 바로 한국이라는 감동을 주셨습니다. 한국은 남한과 북한으로 분단돼 있습니다. 남한은 놀라운 신앙의 부흥을 경험한 나라이지만 북한은 세계에서 기독교 박해가 가장 심한 곳입니다. 누군가는 북한에도 복음을 전해야 하는데, 안타깝게도 동족인 남한 사람은 들어갈 수 없습니다. 그런데 놀라운 점은 남한 사람도 들어갈 수 없는 북한에 우리 캐나다 사람은 들어갈 수 있다는 사실입니다. 하나님이 그곳에서 선교하라고 우리를 부르시는 것은 아닌지 기도해야 합니다."

이 부르심에 반응해 해당 선교 단체의 여러 부부 선교사들이 북한 선교에 자원했다고 합니다. 그리고 그들 중 일부는 언어를 공부하기 위해 한국에 와서 어학당에 다니며 북한 선교를 준비하고 있다고 했습니다.

그들의 말은 단순한 선교 이야기가 아니었습니다. 하나님이 나에게 어떤 기회를 주셨고 나에게 맡기신 사명이 무엇인지 다시 생각하게 만드는 질문이었습니다.

우리의 일상도 마찬가지입니다. 평범하게 느껴지는 일상 속에도 하나님의 뜻이 숨어 있습니다. 내가 서 있는 이곳, 나에게 열린 기회와 만남, 이런 것들이 바로 하나님이 주신 선교지일 수 있습니다.

그들의 나눔을 통해 나 또한 내가 있는 자리에서 어떤 부르심을 받고 있는지 다시 생각하게 됐습니다. 선교는 먼 곳에서만 이뤄지는 일이 아닙니다. 내 자리에서부터 시작됩니다. 하나님은 각자에게 맞는 길을 열어 주십니다. 중요한 건 그 길이 보일 때 응답하는 것입니다.

멀리 떠나지 않더라도, 내가 있는 그곳이 하나님이 주신 선교지일 수 있습니다. 전 세계에서 선교하는 사람도 많지만, 나 또한 이 자리에서 부름받았음을 잊지 말아야 합니다. 예수님도 이 땅에 하나님의 선교사로 오셨듯 나 역시 일상에서 그 길을 걸어가야 합니다.

가정 역시 선교지입니다. 사도행전 16장에서 바울이 빌립보 간수에게 "주 예수를 믿으라 그리하면 너와 네 집이 구원을 받으리라"(행 16:31)고 말한 것처럼 나를 통해 가정이 구원받을 날이 반드시 올 것입니다.

직장도 마찬가지입니다. 내가 선택한 것처럼 보이지만 그곳으로 보내신 분은 하나님이십니다. 직장도 하나님이 주신 선교지입니다. 사도행전 9장에는 바울이 다메섹으로 가던 중 예수님을 만나 회심하게 된 이야기가 나옵니다. 박해자가 전도자로 변하니 같은 길을 가더라도 그 목적은 전혀 달라졌습니다. 바울은 감옥에서도 복음을 전했습니다.

초대 교회 성도들도 자신들이 머무는 곳에서 예수가 그리스도이심을 증언했습니다. 병원에 있든 군대에 있든 내가 있는 자리가 하나님이 주신 선교지임을 기억해야 합니다. 고난 속에서 만나는 이들에게도 복음을 전할 기회가 있음을 믿어야 합니다.

주님은 언제 어디서나 복음을 전하라고 명하십니다. 해외 선교의 비전을 받았다면 기도로 준비해야 하겠지만, 떠나기 전까지는 내가 있는 자리가 하나님이 주신 선교지입니다. 구원받아야 할 영혼들을 위해 기도하고 복음을 전하는 일을 시작해야 합니다.

선교는 일상 속에서 시작됩니다. 주님의 얼굴은 온 세상을 향하고 있지만 우리의 눈은 먼저 가까이 있는 이웃을 살펴야 합니다. 가족, 친구, 동료, 주변 사람들을 주님께로 인도할 수 있도록 기도하고 복음을 전하는 것, 그게 우리의 선교입니다.

"내가 밟는 모든 땅 주를 예배하게 하소서. 주의 보혈로 덮어지게 하소서. 내가 선 이곳 주의 거룩한 곳 되게 하소서. 주의 향기로 물들이소서."

_복음성가 "예배자" 중에서

지금 이 순간의
결단을 요구하십니다

어린 시절 중등부를 담당한 전도사님이 늘 강조하신 기도 제목이 있었습니다. "내 신앙이 가장 좋을 때 주님이 오시기를 기도해 달라"는 것이었습니다. 당시엔 그 기도에 충실하려 했지만 시간이 지나면서 그 기도의 내용에 의문을 갖게 됐습니다. 그래서 저는 이렇게 기도하기 시작했습니다. "주님, 전도사님이 아니라 제 신앙이 가장 좋을 때 오셔야 합니다." 그러나 지금 돌아보니 이 기도는 매우 미성숙한 것이었습니다.

만약 모두가 이런 방식으로 기도한다면 주님이 아무리 오고 싶어도 오실 수 없을 것입니다. 각자의 신앙이 최고로 성숙한 순간을 기다리셔야 하기에 주님의 재림은 무한히 연기될 수밖에 없습니다. 신앙이란 나만의 준비가 완벽해질 때까지 기다리는 것이 아닙니다.

성경은 우리에게 성숙한 기도의 모델을 보여 줍니다. 요한계시록 22장에서 사도 요한은 "내가 진실로 속히 오리라" 하신 주님의 말씀에 "아멘 주 예수여 오시옵소서"(계 22:20)라고 응답했습니다. 이 고백은 신앙의 본질을 드러냅니다. 언제든 주님이 오실 수 있도록 항상 깨어 있고 준비된 상태로 사는 것이 올바른 신앙입니다.

종종 우리는 '지금 주님이 오시면 어떡하지'라는 불안

한 마음을 품습니다. '형편이 좀 더 나아지면 선교할 텐데', '건강이 회복되면 헌신할 텐데', '아이가 자라고 난 후에 충성할 텐데'라는 생각이 우리를 주저하게 만듭니다. 그러나 신앙은 지금의 문제입니다. 현재의 순종이 없으면 미래의 계획도 의미가 없습니다.

어린 시절 기도했던 내용이 어른이 되어 돌아보니 미성숙했다는 사실을 깨닫는 것은 신앙의 성장 과정에서 필요한 통찰입니다. 우리는 종종 상황이 더 나아지면 복음 전파에 나설 수 있다고 생각하지만, 그때는 영원히 오지 않을 수도 있습니다.

신앙은 미래의 일이 아니라 지금 이 순간의 결단과 헌신을 요구합니다. 내일의 일이 보장되지 않는다는 사실을 기억하며 늘 현재의 사명을 충실히 감당해야 합니다. 주님이 언제 오시든 그날을 준비하며 오늘이라는 시간을 헛되이 보내지 않도록 깨어 있어야 합니다.

하나님이 모세를 부르셨을 때 "네 손에 있는 것이 무엇이냐"(출 4:2)고 물으셨습니다. 하나님은 미래에 무엇을 할 수 있을지를 묻지 않으셨습니다. 주님은 바로 지금, 나의 현재를 물으십니다. 베드로에게도 같은 질문을 하셨습니다. "네가 나를 사랑하느냐"는 앞으로의 사랑이 아니라 지금 이 순간의 사랑을 요구하신 것이었습니다.

우리의 미래는 오늘의 연속입니다. 오늘이 쌓여서 미래가 되는 것입니다. 예수님의 재림이라는 인류의 종말뿐 아니라 우리 개인의 종말인 죽음도 예측할 수 없습니다. 그러므로 우리는 항상 주님 앞에 설 준비가 돼 있어야 합니다.

선교는 미루는 것이 아닙니다. 특히 영혼 구원은 긴급하고 절박한 일입니다. 내가 원할 때가 아니라 주님이 정하신 때에 맞춰 복음을 전해야 합니다. 지금 주님이 주신 기회를 놓친다면 그 기회는 다시 오지 않을 수도 있습니다.

지금 이 순간, 당신의 마음에 떠오르는 영혼들이 있을 것입니다. 가족, 친구, 직장 동료, 또는 우연히 마주쳤던 사람들까지. 그들에게 복음을 전하는 일을 미루지 말아야 합니다. 주님이 열어 주신 선교적 기회를 놓치지 않도록 그들을 기도로 품고 복음을 전해야 합니다.

신앙은 언제나 현재적이어야 합니다. 우리가 지금 주님 앞에 서 있다고 생각하고 살아가는 '코람 데오'(Coram Deo) 신앙이 중요합니다. 매일매일 주님의 재림을 맞이할 준비가 돼 있는지 돌아보며 주어진 선교적 사명을 미루지 않고 감당해야 합니다.

로마서 13장 11절은 우리에게 경고합니다. "자다가 깰 때가 벌써 되었으니 이는 이제 우리의 구원이 처음 믿을 때보다 가까웠음이라." 오늘도 우리는 말씀과 기도로 주님과 동행하며 주어진 선교적 사명을 충실히 이행해야 합니다. 우리의 삶이 매일 "아멘 주 예수여 오시옵소서"라는 고백으로 채워지길 소망합니다.

다시 시작할
기회를 주십니다

한 선교사의 간증을 들은 적이 있습니다. 젊은 시절 그는 주님을 뜨겁게 만나고 결단했습니다. "제 인생의 황금기 3년을 주님을 위해 선교지에서 헌신하겠습니다." 하지만 시간은 흘렀고 학업과 가정을 이루는 동안 그 다짐은 희미해졌습니다.

어느 날 기도하던 중 마음속에 울림이 찾아왔습니다. "너의 황금기 3년은 도대체 언제 오느냐?" 그는 다시 결단했습니다. "이제 미루지 않겠습니다. 지금부터 3년을 선교에 헌신하겠습니다."

그러자 다시 음성이 들렸습니다. "3년을 드린다니 귀한 일이구나. 그런데 그 3년은 누가 정한 것이냐?" 그는 다시 기도했습니다. "주님, 제 3년뿐 아니라 남은 삶 전부를 선교적 삶으로 드리겠습니다."

많은 그리스도인이 뜨거운 은혜를 경험하지만, 그 은혜가 오늘의 것이 아닐 때가 많습니다. 우리는 '언젠가' 헌신하겠다고 하지만 그 '언젠가'는 종종 오지 않습니다. 신앙은 과거의 기억만도, 막연한 미래의 다짐만도 아닙니다. 가장 중요한 것은 오늘입니다.

오늘 나의 신앙이 과거보다 식었다고 주저할 이유는 없습니다. 주님은 오늘의 내 삶을 원하시고 지금의 나를 부르고 계십니다. 헌신은 순간이 아니라 평생 이어지는 여정입니다.

부활하신 예수님이 베드로에게 세 번 물으셨습니다(요 21:15-17). "요한의 아들 시몬아 네가 나를 사랑하느냐?" 만약 주님이 과거형으로 물으셨다면 베드로는 대답하기 어려웠을 것입니다. 주님을 저주하며 부인했던 기억이 그를 짓눌렀을 것입니다. 그러나 주님은 과거형이 아닌 현재형으로 물으셨습니다. "네가 지금 나를 사랑하느냐?" 주님께 중요한 것은 과거의 잘못이 아니라 오늘의 결단이었습니다. 이는 베드로를 향한 사랑이 어제도 내일도, 그리고 무엇보다 오늘도 여전하기 때문입니다.

우리는 언제든 다시 시작할 수 있습니다. 에베소 교회가 첫사랑을 잃어 책망을 받았지만(계 2:4) 주님의 책망은 포기가 아니라 회복을 위한 초대였습니다.

"마가라 하는 요한"(행 15:37)을 떠올려 보십시오. 그는 바울과 바나바의 선교 여정에 동참했으나 중도에 포기했습니다. 그로 인해 바울과 바나바는 심히 다투었습니다(행 15:37-39). 그러나 하나님은 마가 요한을 포기하지 않으셨습니다. 이후 그는 바울의 동역자가 됐고(몬 1:24) 베드로의 영적 아들이 됐으며(벧전 5:13) 마가복음의 저자가 되는 은혜를 누렸습니다.

한국 교회는 140년의 선교 역사를 걸어왔습니다. 선교적 교회라는 말이 필요 없을 정도로 성도들은 곳곳에서 헌신했습니다. 하지만 지금 주님의 질문이 다시 울립니다. "네가 나를 사랑하느냐?" 교회가 아무리 선교에 앞장서도 개인이 응답하지 않으면 그 역사는 나와 무관한 일이 됩니다. 반대로 모두가 주저할지라도 내가 응답한다면 부흥은 나로부터 시작될 것입니다.

하나님이 허락하신 오늘이 바로 내 삶의 황금기입니다. 내 자리에서, 내 시간 속에서 주님의 뜻을 구하는 삶을 시작하시기 바랍니다. 첫사랑을 넘어 더욱 뜨거운 헌신으로 살아가시길 소망합니다. 주님이 시작하셨기에 끝까지 우리의 삶을 사용하실 것입니다.

우리의 신앙이 현실과 부딪힐 때 우리는 망설이거나 주저할 수도 있습니다. 하지만 하나님은 우리의 연약함을 아시고, 언제나 다시 시작할 기회를 주십니다. 실패와 좌절이 신앙의 끝이 아니라, 오히려 더 깊이 주님을 만나는 과정이 될 수 있습니다.

지금 이 순간 하나님은 우리를 부르고 계십니다. 선교는 특별한 사람들만의 몫이 아닙니다. 우리가 있는 자리에서, 가정에서, 직장에서 이웃을 사랑하고 섬기는 것 역시 선교입니다. 우리의 삶 전체가 하나님께 드리는 선교적 헌신이 될 수 있습니다.

주님이 우리를 포기하지 않으셨듯 우리도 다시 일어나 믿음의 길을 걸어가야 합니다. 어제의 실패가 오늘의 걸림돌이 되지 않기를 바랍니다. 내일을 기약하며 미루는 신앙이 아니라 지금 당장 순종하는 신앙을 선택하길 바랍니다. 주님의 손길이 오늘도 우리와 함께하며, 다시 시작할 용기와 힘을 주실 것입니다.

"너희 안에서 착한 일을 시작하신 이가 그리스도 예수의 날까지 이루실 줄을 우리는 확신하노라"(빌 1:6).

고백을 넘어
진실로 행해야 합니다

한 교회의 선교 집회에서 강사 목사님이 성도들에게 외쳤습니다. "우리는 주님을 위해 헌신해야 합니다. 선교를 위해 앞으로 나아갑시다!" 성도들이 "아멘!"으로 화답했습니다. 목사님은 한층 힘주어 말했습니다. "그냥 나아가는 정도가 아닙니다. 선교를 위해 달려갑시다!" 성도들의 "아멘!"도 더 커졌습니다. 그러자 목사님이 외쳤습니다. "달려가는 것도 부족합니다. 이젠 비상해서 날아갑시다!" 분위기는 절정에 이르렀고 성도들은 손을 들고 외쳤습니다. "아멘! 뛰어가겠습니다. 날아가겠습니다."

그리고 이어진 마지막 멘트. "이러한 선교를 이루기 위해 오늘 구체적으로 선교 헌금을 작정합시다!" 그 순간 예배당에 침묵이 흘렀다고 합니다. 그때 누군가 조심스레 말했습니다. "목사님…, 날아가지 말고 그냥 걸어가면 안 되겠습니까?"

웃어야 할지 울어야 할지 모를 이 장면은 단지 한 교회의 일화만은 아닙니다. "주여, 주여"는 크게 외치지만 막상 발걸음을 떼는 데는 망설이는 우리의 모습이기도 합니다. 말은 날아갈 듯하지만, 행동은 제자리인 경우가 얼마나 많습니까. 선교를 말로는 강조하면서 정작 자신의 삶을 드리는 헌신에는 미적거리는 우리의 이중

성이 고스란히 드러납니다.

목회자들 사이에 자주 회자되는 농담이 있습니다. 사역을 부탁했을 때 돌아오는 세 가지 '요'가 있다고 합니다. 먼저 "왜요?" 하고 묻고, 설명을 잘해 주면 "제가요?"라고 반문하며, 마지막엔 "지금요?"라고 회피한다는 것입니다. 이 세 마디가 마치 신앙의 방어 기제처럼 작동하는 모습은 우리 안에 자리한 헌신 회피의 본능을 보여 줍니다.

하지만 이사야 선지자는 달랐습니다. 하나님의 임재 앞에 자신의 부정함을 고백한 그는 하나님의 은혜를 체험한 직후 주저하지 않고 말했습니다. "내가 여기 있나이다 나를 보내소서"(사 6:8).

하나님의 사랑을 온몸으로 경험한 사람은 말로 그치지 않고 삶 전체로 응답합니다. 이보다 가슴 뛰는 일은 없습니다. 하나님도 말과 혀로만 사랑하지 않으셨습니다. 하나님은 세상을 이처럼 사랑하사 독생자를 주셨고, 예수님은 인간의 몸으로 이 땅에 오셔서 십자가에서 피 흘리며 우리를 위해 돌아가셨습니다. 그 사랑은 철저히 행함과 진실함이었습니다.

사도 바울은 은혜받은 것에 머무르지 않았습니다. "내가 나 된 것은 하나님의 은혜로 된 것"이라고 고백하면서도 "내가 모든 사도보다 더 많이 수고하였으나"라고 덧붙입니다(고전 15:10). 그는 세 차례의 선교 여행을 통해 삶 전체를 드렸고 결박과 환난이 기다리는 길임을 알면서도 "나의 생명조차 조금도 귀한 것으로 여기지 아니하노라"(행 20:24) 하며 복음 전파의 여정을 포기하지 않았습니다.

예수님은 분명히 말씀하십니다. "나더러 주여 주여 하는 자마다 다 천국에 들어갈 것이 아니요 다만 하늘에 계신 내 아버지의 뜻대로 행하는 자라야 들어가리라"(마 7:21). 고백은 시작일 뿐입니다. 삶으로 이어질 때 믿음은 살아 움직입니다.

예수님은 제자들에게 지상 대위임령을 주시며 "가라"고 명하셨습니다. 그러나 우리는 때때로 "가라"는 말씀 앞에서 뒤로 물러섭니다. 왜냐고 묻고, 내가 하느냐고 묻고, 지금이냐고 묻습니다. 선교에 대한 감동은 있지만, 그것이 내 삶에 구체적으로 옮겨지지 않는다면 결국 아무 일도 일어나지 않습니다.

복음의 빚진 자로서 하나님의 은혜를 진정으로 체험한 사람은 질문을 바꿉니다. "왜요?"가 아니라 "비록 다 이해하지 못해도 순종하겠습니다"라고 합니다. "제가요?"가 아니라 "제가 하겠습니다"라고 답합니다. "지금요?"가 아니라 "지금 순종합니다"라고 고백합니다. 그렇게 고백이 행동이 되고 말이 발걸음이 됩니다.

우리에게 복음을 전해 준 초대 선교사들은 말과 혀로만이 아니라 행함과 진실함으로 선교의 사명을 감당했습니다. 지금도 한국에서 파송된 수많은 선교사가 세계 곳곳에서 자신의 삶을 바쳐 복음을 전하고 있습니다. 그들의 사역은 '나중에'가 아니라 '지금'이며 '누군가'가 아니라 '내가'입니다.

우리가 할 일은 단순히 "아멘!"을 외치는 것이 아닙니다. 걸어가는 신앙을 넘어서 달려가고, 나아가 비상하는 믿음이 필요합니다. 주님 보시기에 말과 혀가 아닌, 행함과 진실함으로 살아가는 선교의 사명자들이 되기를 소망합니다. 지금 바로 여기에서부터.

— STEP 2 —

이제는 진짜로 선교합시다. 진짜를 붙듭시다.
비행기가 활주로만 오가면 더 이상 비행기가 아닙니다.
교회가 복음을 전하지 않으면 그것은 더 이상 교회가 아닙니다.
성도가 복음을 실천하지 않으면 신앙은 껍데기로 남습니다.

하나님의 꿈을
보아야 합니다

"보아야 건너가 밟을 수 있습니다." 깜깜한 밤, 한 사람이 낭떠러지에서 떨어지다 나뭇가지를 붙잡고 밤새 버텼습니다. 동이 트고 아래를 보니 불과 1미터 아래가 잔디였습니다. 그것이 보였다면 그렇게 버티느라 지치지 않아도 됐을 것입니다. 보이지 않으니 고생

하고 피곤했던 것입니다.

삶도 마찬가지입니다. 보이지 않으면 힘이 듭니다. 인생이 어두우면 넘어지기 쉽고 방황할 수밖에 없습니다. 우리 삶에 비전이 필요한 이유입니다. 이는 예수님을 믿기 전뿐 아니라 구원받은 성도의 삶에도 해당합니다.

출애굽한 이스라엘 백성도 그러했습니다. 홍해를 건너 약속의 땅 가나안으로 가는 길에 원망과 불평이 가득했습니다. 마라의 쓴 물을 만났을 때, 조금만 더 가면 엘림의 오아시스가 있다는 것을 볼 수 있었다면 그렇게까지 원망하지는 않았을 것입니다.

가나안 정탐꾼 열두 명 중 여호수아와 갈렙만이 비전의 사람이었습니다. 가나안이 하나님이 주신 땅임을 믿음의 눈으로 보고 "그들은 우리의 먹이라"(민 14:9)라고 고백했습니다. 결국 광야 1세대 중 약속의 땅을 밟은 이들은 그 둘뿐이었습니다. 보는 자만이 그 땅을 밟을 수 있는 것입니다. 신앙에도 보는 힘이 필요합니다.

예수님은 좁은 길과 넓은 길을 말씀하셨습니다. 우리가 좁은 길을 갈 수 있는 이유는 주님이 가신 길이기 때문만이 아닙니다. 그 길 끝에 무엇이 기다리고 있는지 보이기 때문입니다. 끝이 멸망이라면 많은 사람이 찾는 넓은 길이라도 피할 것입니다. 반대로 좁은 길이라도 그 길이 생명의 길이라면 십자가를 지고서라도 기쁨으로 걸어갈 수 있는 것입니다.

성경은 잘 보이지 않는 신앙을 '잠들어 있는 신앙'이라 표현합니다. 눈을 감으면 볼 수 없습니다. 그래서 깨어 일어나라고 촉구합니다.

하나님의 뜻이 보일 때 그 뜻을 온전히 이룰 수 있습니다. 선교도 마찬가지입니다. 선교의 비전이 있어야 선교적 삶을 살 수 있습니다. 비전이 없으면 무엇을 어떻게 해야 할지 몰라 헤맬 수밖에 없습니다.

사도 바울은 "나는 달음질하기를 향방 없는 것같이 아니하고 싸우기를 허공을 치는 것같이 아니하며"(고전 9:26)라고 고백합니다. 그는 분명한 푯대를 가지고 달려갔습니다.

2차 선교 여행 때 바울은 도와 달라는 마게도냐 사람의 환상을 보고 에게해를 건너 유럽 선교를 시작했습니다. 그 환상이 없었다면 유럽 선교의 시작은 달라졌을지도 모릅니다. 3차 선교 여행 때는 "내가 거기 갔다가 후에 로마도 보아야 하리라"(행 19:21) 하며 로마 복음화의 비전을 품었습니다. 결국 그는 로마에 가서 복음을 전했습니다. 보아야 밟고, 밟아야 이룰 수 있습니다.

이런 선교적 비전을 위해서는 말씀과 기도의 삶이 필요합니다. 하나님의 말씀은 내 발에 등이요 내 길에 빛입니다(시 119:105). 빛이 오면 어둠은 물러갑니다. 말씀은 어두운 눈을 밝히고 기도는 영혼을 깨웁니다.

주님이 겟세마네 동산에서 잠든 제자들에게 "깨어 기도하라"(마 26:41)고 하신 것도 같은 맥락입니다. 깨어 있는 삶은 기도 없이는 불가능합니다. 말씀과 기도의 삶은 성령 충만으로 이어지고, 성령은 우리로 보게 하십니다. 하나님은 성령이 임하시면 자녀들은 예언하고 젊은이들은 환상을 보고 늙은이들은 꿈을 꾸리라 약속하셨습니다(행 2:17).

초대 교회 선교의 역사도 성령 충만한 제자들이 주님의 비전을 보고 헌신했기에 가능했습니다. 우리의 일상 속에서도 말씀 한 구절을 붙잡고 기도할 때 하나님이 생각지 못한 길을 열어 주시고 새로운 시야를 주시는 기적을 경험하게 됩니다.

비전이 보이지 않아 답답하다면 비전의 사람 및 공동체와 함께하는 것도 큰 도움이 됩니다. 앞이 보이지 않을 땐 앞을 볼 수 있는 이의 손을 붙들면 됩니다. 서로가 서로에게 손이 되어 주고 비전이 있는 이들이 등불처럼 길을 밝혀 줄 수 있습니다.

내가 속한 교회의 선교 비전을 나의 비전으로 삼아 보십시오. 교회의 리더들, 동역자들의 비전에 동참해 보십시오. 교회의 비전이 나의 비전이 되고 가정의 비전이 될 때 신앙생활은 행복하고 열매 맺게 됩니다. 우리 모두 하나님이 주시는 비전을 품고 아름다운 선교의 새 역사를 써 가기를 축복합니다.

마음과 몸을
드려야 합니다

하나님은 우리의 마음을 보시며 그 마음으로 하나님을 사랑하고 섬기기를 원하십니다. 그러나 참된 예배는 마음뿐만 아니라 우리의 몸을 거룩한 산 제물로 드리는 것임을 기억해야 합니다. 선교 역시 몸의 헌신을 통해 이뤄집니다. 마음과 몸이 하나가 돼야만 신앙의 진정한 열매를 맺을 수 있습니다.

한 성도가 주일마다 골프장으로 향했습니다. 그 모습을 본 목사님이 신앙생활을 바로 하길 권면했습니다. 그러자 성도가 답했습니다. "목사님, 고민 끝에 결정한 것입니다. 솔직히 주일에 교회에 나오면 몸은 교회에 있지만 마음은 골프장에 있습니다. 그런데 골프장에 가면 몸은 골프장에 있지만 마음은 교회에 있습니다. 그래서 몸보다는 마음이 낫겠다 싶어 골프장에 갑니다."

우스갯소리 같지만 나태한 신앙을 합리화하는 데는 끝이 없는 것 같습니다. 사실 우리의 마음과 몸은 따로가 아니라 함께여야 합니다. 신앙은 이론이 아니라 삶으로 실천돼야 합니다.

기도도 마찬가지입니다. 기도해야겠다는 마음이 중요하지만 기도의 자리에 몸이 나와야 합니다. 겟세마네 동산에서 제자들이 잠들었을 때 예수님은 "마음에는

원이로되 육신이 약하도다"(마 26:41; 막 14:38)라고 탄식
하셨습니다. 마음만 있고 몸이 따르지 않으면 능력이
없습니다. 결국 제자들은 예수님을 부인하고 떠났습니
다. 이처럼 마음의 열정이 몸의 실천으로 이어지지 않
으면 신앙은 허상이 되고 맙니다.

말씀의 훈련도 그렇습니다. 훈련을 받아야겠다는 마음
이 중요하지만, 몸이 그 자리에 있어야 합니다. 예수님
의 산상수훈에 따르면, 반석 위에 집을 지은 사람은 말
씀을 듣고 행하는 사람입니다. 아브라함은 본토 친척
아버지의 집을 실제로 떠났고 이삭을 모리아산에서 번
제로 드리려 했습니다. 그때 하나님은 모든 것을 예비
하시는 여호와 이레로 나타나셨습니다. 믿음의 조상들
은 마음과 몸이 하나 돼 하나님께 순종했습니다.

선교도 마음뿐 아니라 몸의 헌신이 필요합니다. 바울
은 성령의 인도하심을 따라 몸으로 선교 여행을 떠났
고 수많은 환난을 이겨 내며 복음의 열매를 맺었습니

다. 우리의 선교적 삶도 그렇습니다. 이국땅으로 떠나 선교 사역을 감당하는 것도 중요합니다. 하지만 우리가 있는 곳에서 이웃을 손과 발로 돕는 것도 필요합니다. 입을 열어 복음을 전하고, 몸으로 수고해 얻은 재정으로 누군가를 돕는 것 역시 선교적 삶의 한 모습입니다. 지극히 작은 자 하나에게 한 우리의 섬김은 하늘에서 상을 잃지 않을 것입니다.

물론 마음의 헌신도 소중하고 중요합니다. 하지만 마음만 있고 몸이 따르지 않으면 신앙의 열매를 거둘 수 없습니다. 하나님을 사랑하는 것은 마음과 목숨, 즉 우리의 몸을 다해 사랑하는 것입니다. 이는 단순한 감정이나 의지가 아니라 삶 전체를 드리는 헌신입니다.

예수님은 십자가를 마음으로만 지신 것이 아니라 몸으로 지셨습니다. 손과 발에 못이 박히고 옆구리에 창이 찔리며 보배로운 피를 흘리셨습니다. 예수님의 부활도 몸의 부활이었습니다. 우리는 성찬을 통해 주님의 몸을 기념합니다. 죽기까지 사랑하신 주님께 몸을 드려 헌신하는 것은 당연한 믿음의 모습입니다. 그분의 희생이 없었다면 우리의 구원도 없었을 것입니다.

하루를 돌아보며 회개할 것도 많겠지만 주님 앞에 드린 몸의 헌신을 감사하는 시간이 되길 바랍니다. 아직 기회는 남아 있습니다. 회개뿐만 아니라 주님을 향한 귀한 헌신의 축복을 누릴 기회를 놓치지 않기를 소망합니다. 남은 평생 마음과 몸을 다해 하나님께 나아간다면 우리의 신앙은 더 깊어지고 풍성해질 것입니다.

아침마다 마음의 결심을 넘어 행동으로 이어지는 신앙생활을 다짐해 봅시다. 작은 것부터 시작해도 좋습니다. 매일의 삶 속에서 하나님이 원하시는 대로 손과 발을 움직이고 입을 열어 사랑과 진리를 전하는 우리가 되기를 바랍니다. 그렇게 할 때 하나님은 우리의 삶을 통해 영광 받으실 것이며 우리는 그분의 은혜를 더 깊이 체험하게 될 것입니다.

진짜를
붙듭시다

어느 기술자가 시계탑 시계가 고장 나 열심히 고쳤습니다. 그는 부품을 하나씩 손질하고 고장 난 것은 교체했습니다. 시곗바늘의 모양과 색깔도 새롭게 바꾸고 시계탑 전체를 반짝이게 닦았습니다.

모든 작업을 마친 뒤 만족스러운 마음으로 내려왔을 때 관리인이 물었습니다. "수고 많으셨습니다. 그런데 시간은 맞습니까?" 그러자 기술자가 멋쩍게 웃으며 대답했다고 합니다. "죄송합니다. 그건 신경 쓰지 못했습니다. 하지만 시계가 정말 멋지고 깨끗해졌습니다."

이 이야기는 허구처럼 들리지만 어쩐지 우리의 마음을 찌릅니다. 시계를 고친 이유는 시간을 알리기 위해서였을 텐데 정작 그 핵심은 놓친 것입니다. 겉모습과 장식에는 힘을 쏟았지만 본래의 목적은 잊었습니다. 만약 이런 일이 우리의 신앙생활 속에서도 벌어지고 있다면 웃어넘길 일만은 아닐 것입니다.

하나님이 교회와 성도를 이 땅에 두신 이유는 분명합니다. 시계가 시간을 알리듯 교회를 통해 하나님은 세상에 복음을 알리고자 하십니다. 교회와 성도를 통해 세상 모든 사람이 복음을 듣고 믿고 복음대로 살아가기를 바라십니다. 그 단순하고 분명한 목적이 흐려질 때 교회는 길을 잃고 신앙은 껍데기만 남습니다.

물고기를 잡는 어부에게 좋은 낚싯대나 그물, 바다로 나갈 수 있는 배가 모두 필요합니다. 그러나 아무리 훌륭한 배를 가지고 있어도 그물을 내리지 않으면 고기를 잡을 수 없습니다.

주님은 우리를 사람 낚는 어부로 부르셨습니다. 그런데 우리는 낚싯대와 그물, 장비와 기술에는 신경 쓰면서 정작 바다에 그물을 내리는 일에는 소홀하지 않았는지 돌아봐야 합니다. 그것이야말로 가장 중요한 일인데 말입니다.

오늘날 선교를 말하지 않는 교회는 없습니다. 선교 비전을 선포하고 선교 헌금을 모으고 선교의 꿈을 나누는 일은 익숙합니다. 그러나 진짜 선교는 말이 아니라 실천입니다. 복음을 들고 나아가야 합니다. 예수님처럼 잃어버린 영혼에게 찾아가야 합니다. 아니면 내 곁에 있는 사람, 나를 찾아온 이들에게 복음을 전해야 합니다. 때를 얻든지 못 얻든지 말씀을 전하고 믿은 이를 양육해 제자로 세워야 합니다. 그것이 진짜 선교의 길입니다.

우리의 관심이 본질보다 부수적인 것에 쏠리면 힘과 자원이 엉뚱한 데 쓰일 수 있습니다. 사도 바울은 이렇게 말합니다. "어떻게 행할지를 자세히 주의하여 지혜 없는 자같이 하지 말고 오직 지혜 있는 자같이 하여 세월을 아끼라"(엡 5:15-16). "모든 것이 가하나 모든 것이 유익한 것은 아니요"(고전 10:23).

우리의 시간과 자원은 한정돼 있습니다. 다 할 수 있으면 좋겠지만 모든 것이 유익하지는 않습니다. 그렇기에 우리는 '무엇을 할 것인가'보다 '무엇이 본질인가'를 먼저 물어야 합니다.

가정에서 진짜 선교가 필요합니다. 믿지 않는 가족을

위해 끊임없이 기도하고 복음을 전해야 합니다. 자녀를 양육할 때 하나님의 말씀을 들려주어야 합니다. 교회에서 충성된 일꾼이라 해도 자녀에게 믿음이 없다면 다시 복음의 씨앗을 심어야 합니다. 일터에서도 진짜 선교가 필요합니다. 기독교 기업이든 비신앙적인 환경이든 상관없이 우리는 복음을 모르는 사람에게 다가가야 합니다.

각자의 교회에서도 우리는 선교에 동참할 수 있습니다. 선교를 위한 중보기도 모임에 참여할 수 있고 선교사를 후원할 수도 있습니다. 때로는 직접 선교지를 찾아가 봉사하며 복음의 씨를 뿌리고 물을 줄 수도 있습니다. 하나님이 주신 은사와 환경에 따라 각자 다른 방식으로 '그물을 내릴 수 있는 길'을 찾아야 합니다.

이제는 진짜로 선교합시다. 진짜를 붙듭시다. 비행기가 활주로만 오가면 더 이상 비행기가 아닙니다. 교회가 복음을 전하지 않으면 그것은 더 이상 교회가 아닙니다. 성도가 복음을 실천하지 않으면 신앙은 껍데기로 남습니다.

무늬만 교회, 형식만 신앙의 이름으로 남지 맙시다. 복음의 본질에 응답하며 선교의 부르심에 삶으로 대답합시다. 선교는 목회자나 선교사만의 일이 아니라 우리 모두를 향한 주님의 명령입니다. 환경과 직분을 넘어 지금 있는 자리에서 복음의 통로가 돼야 합니다.

그래서 주님 앞에 설 때 "잘하였도다, 착하고 충성된 종아"라는 칭찬을 듣는 복음의 사명자들이 되기를 축복합니다. 그것이야말로 신앙의 진짜이며 우리가 끝까지 붙들어야 할 부르심입니다.

성령의 이끄심에
순종합시다

　　예전에 한 성도님이 꿈 이야기를 들려주셨습니다. "목사님, 제가 예수님을 꿈에서 뵀어요." 얼마나 귀하고 감사한 일인가 싶었습니다. 그런데 성도님의 이야기가 뜻밖이었습니다. "그런데 예수님이 너무 지저분하고 초라한 모습이었어요." 성도님은 꿈속에서 예수님께 이렇게 여쭈었다고 합니다. "왜 그렇게 하고 다니세요?" 예수님의 대답은 충격적이었습니다. "너와 함께 다녀서 그렇다."

성도님은 그날의 꿈을 통해 자신의 신앙을 돌아보게 됐다고 고백하셨습니다. 주님이 우리의 삶을 이끄셔야 하지만 오히려 우리가 주님을 마땅치 않은 곳으로 끌고 다니고 있지는 않는지 생각하게 됩니다.

주님은 우리가 기쁠 때만 함께하시고 어려울 때는 잠시 떠나시는 분이 아닙니다. 언제나 곁에 계시지만, 우리의 말과 행동이 주님께 근심이 될 때도 여전히 동행하고 계십니다. 그러나 때로 이 사실을 망각하고 신앙의 중심에서 벗어나 세상의 흐름에 이끌릴 때가 많습니다. 주님이 나를 따르시는 것이 아니라 내가 주님의 뜻에 순종해야 한다는 당연한 진리를 잊어버리기 쉽습니다.

성경은 "성령을 근심하게 하지 말라"(엡 4:30)고 말합니다. 죄의 오물에 빠진 채로 주님을 모신다면 그 모습은 거룩하고 영광스러운 주님의 모습과는 거리가 멀 것입니다. 주님이 기뻐하시는 삶은 성령이 이끄시는 삶입니다.

세상에 취해 살아가는 대신 성령 충만한 삶을 살아야 합니다. 성령으로 충만하면 예배는 교회에서 끝나지 않고 우리의 일상으로 이어집니다. 일상 속 작은 일 하나에서도 주님의 뜻을 구하고 주님께 영광을 돌리는 삶이 진정한 예배의 삶입니다.

베드로의 이야기가 이를 잘 보여 줍니다. 베드로는 예수님이 잡히시던 밤, 대제사장의 뜰에서 예수님을 부인했습니다. 신앙의 공동체 안에서는 주님을 따르겠다고 고백했지만 세상 앞에서는 주님을 외면했습니다. 우리의 신앙 고백은 교회 안에서만 머무는 것이 아니라 가정과 직장, 삶의 모든 자리에서 드러나야 합니다.

성령이 이끄시는 사람은 어느 곳에서나 '예배자'로 살

아갑니다. 예배는 단순히 정해진 시간과 장소에서 드리는 의식이 아니라 삶 전체를 통해 드려야 하는 고백입니다. 그러기에 신앙이 겉으로만 화려하고 속이 비어 있는 상태라면 주님이 우리의 중심을 어떻게 보실지 깊이 돌아봐야 합니다.

더 나아가 성령 충만한 삶은 예배를 확장합니다. 예배가 없는 곳에 예배를 세우고 복음을 전하는 선교적 삶을 살게 됩니다. 오순절 성령 강림 사건처럼 성령이 이끄실 때 담대히 복음을 전하게 됩니다. 예루살렘에서 시작된 복음이 온 유대와 사마리아, 땅끝까지 전해졌습니다.

오늘날 주님이 가장 기뻐하시는 삶도 선교적 삶입니다. 예수님은 잃어버린 자를 찾아 구원하기 위해 이 땅에 오셨고 우리에게도 복음을 전파하라고 말씀하십니다. 우리가 성령에 의지해 복음을 전할 때 주님이 친히 역사하시고 많은 이들의 삶이 변화될 것입니다. 이처럼 선교적 삶은 나만의 신앙을 넘어 다른 이들에게 주님의 사랑을 전하는 거룩한 사명입니다.

주님은 언제나 우리와 동행하시지만 그 동행의 모습은 우리의 삶을 반영합니다. 만약 우리가 주님의 기쁨이 되는 삶을 산다면 주님은 환한 미소로 우리를 바라보실 것입니다. 그리고 언젠가 주님 앞에 서는 날 "잘하였도다, 착하고 충성된 종아"라는 그분의 음성을 듣는다면 그것이야말로 우리에게 가장 큰 위로이자 영광이 될 것입니다. 우리는 이 땅에서의 삶을 마친 후 주님 앞에 설 것입니다. 그날 우리의 삶이 어떤 평가를 받을지 늘 돌아보며 살아야 합니다.

주님이 이끄시는 대로 어디에서나 예배하며 선교하는 삶을 살아갑시다. 삶의 자리마다 주님의 은혜와 영광이 가득하기를 소망합니다. 또한 우리가 주님의 이름을 높이며 살아갈 때 세상은 우리의 삶을 통해 주님을 만나게 될 것입니다. 이것이 바로 주님이 우리를 부르신 이유이자 우리가 살아야 할 삶의 목적입니다.

선교는 기도 없이
불가능합니다

"기도까지 할 필요 있나요." 오래전 어느 교회에
서 새해 선교 방향을 논의하던 중 나온 말입니다. 무엇
이 더 중요한 사역인지를 두고 교인들 사이에 의견이
분분했고 토론은 격렬해졌습니다. 모두가 지쳐 갈 무
렵 한 성도가 말했습니다. "주님의 분명한 계획이 있을

테니 함께 기도하며 결정을 내리면 좋겠습니다." 하지만 앞서와 같은 반문이 돌아왔습니다. 무슨 이런 일에 기도까지 하느냐, 늘 하던 대로 하자는 얘기였습니다.

조금 지나친 예화처럼 보일 수 있지만 기도의 우선순위를 묻게 합니다. 선교에서 기도를 '필수'로 여기지 않는다면 과연 주님의 뜻을 따라갈 수 있을까요?

새해는 늘 새로운 다짐과 함께 시작됩니다. 많은 교회와 성도들은 하나님께 받은 은혜를 기억하며 헌신을 결단합니다. 이는 아름답고 귀한 일이지만 우리의 헌신이 반드시 주님의 뜻에 들어맞지 않을 수 있다는 사실을 간과해서는 안 됩니다.

베드로의 이야기가 그 대표적인 예입니다. 예수님이 체포되시던 밤, 베드로는 대제사장의 종에게 칼을 휘둘러 귀를 잘랐습니다. 그는 주님을 지키겠다는 열정에서 위험을 무릅쓰고 행동했지만 예수님은 그를 책망하셨습니다. "칼을 가지는 자는 다 칼로 망하느니라"
(마 26:52). 베드로의 열정은 오히려 주님의 기쁨과 멀어
지고 말았습니다.

베드로의 실패는 어디에서 시작됐을까요? 바로 겟세마
네 동산에서 기도의 자리를 지키지 못한 데서 비롯했
습니다. 예수님은 "시험에 들지 않게 깨어 기도하라"고
하셨지만 베드로와 제자들은 잠에 빠졌습니다.

기도하지 않으면 분별력을 잃고 충동적인 결정을 내리
기 쉽습니다. 반면 주님은 기도를 통해 자신을 배반할
자들의 접근을 아셨고 십자가를 향한 길을 담대히 걸
어가셨습니다. 그러나 기도의 자리를 지키지 못한 제
자들은 그 길을 따르지 못했습니다. 그들은 주님을 부
인하고 배반하는 길로 내몰렸습니다.

기도는 선교의 부속물이 아니라 본질입니다. 아무리
많은 자원과 열정이 투입된다 해도 기도가 빠진 선교

는 주님의 뜻과 멀어질 위험이 큽니다. 예수님은 제자들에게 "온 천하에 다니며 만민에게 복음을 전파하라"(막 16:15)고 명령하셨지만 성령의 능력을 받기 전까지는 예루살렘을 떠나지 말고 기도하라고 당부하셨습니다. 성령 없이 선교는 온전하지 않기 때문입니다.

초대 교회는 기도로 시작됐습니다. 오순절 성령 강림이 있었던 것도, 안디옥 교회에서 바울과 바나바가 선교를 떠난 것도 모두 기도의 자리에서 이뤄졌습니다. 기도 없이는 성령의 충만함이 없고 성령의 충만함 없이 주님이 기뻐하시는 선교 사역은 불가능합니다.

성령은 우리에게 비전을 주십니다. 성경은 성령이 임하시면 "자녀들은 예언할 것이요 너희의 젊은이들은 환상을 보고 너희의 늙은이들은 꿈을 꾸리라"(행 2:17)고 말합니다. 예언, 환상, 꿈은 모두 하나님의 뜻을 '보는' 것과 연결됩니다. 비전이 없다면 방향을 잃고 방황하거나 심지어 위험에 처할 수도 있습니다.

만약 지금 주님의 뜻이 보이지 않는다면 기도의 자리로 나아가야 합니다. 비전을 가진 리더들과 함께하며 교회의 공동체 안에서 하나님의 뜻을 구하십시오.

기도는 단순히 개인의 신앙을 유지하기 위한 수단이 아닙니다. 기도는 우리의 시야를 열고 성숙한 신앙으로 성장하게 하며 다른 영혼을 붙들 힘을 줍니다.

기도는 선교의 마지막 수단이 아닙니다. 그것은 선교의 시작이며 모든 열매를 맺는 근원이 됩니다. 기도를 통해 성령의 능력을 받아 주님의 기쁨 되는 선교를 이뤄 가길 바랍니다. 기도는 단순한 옵션이 아닙니다. 기도의 자리에서 하나님의 비전을 보고, 그 비전 안에서 선교의 길을 걸어가십시오. 주님이 당신의 작은 기도를 통해 큰 이야기를 이루실 것을 기대하며 담대히 기도하십시오.

혹시 기도가 어렵게 느껴진다면 이렇게 시작해 보십시

오. "주님, 제가 모르겠습니다. 이 길이 맞는지 알려 주십시오." 단 한마디로도 충분합니다. 우리의 부족한 기도가 하늘을 움직이는 첫 단추가 될 수 있습니다.

이제 기도로 시작해 하나님의 뜻 안에서 바른 열매를 맺는 삶을 살아갑시다. 우리의 사역이 주님의 칭찬과 영광으로 이어지기를 축복합니다.

오직 말씀으로
돌아갑시다

한 여인이 있었습니다. 그녀는 평생 찢긴 인생을 살았습니다. 다섯 번이나 결혼에 실패했고 지금 있는 남자도 남편이 아니었습니다. 그녀는 아픈 상처 속에서 영적인 갈증을 느꼈습니다. 목을 축이고자 사람들의 눈을 피해 가장 뜨거운 정오에 야곱의 우물을 찾았습니다. 그때 예수님을 만났습니다.

예수님을 만나기까지 그녀는 그리심산에서 예배를 드려 왔지만 그 예배는 그녀의 상처받은 삶을 위로하지 못했고 아픔은 치유되지 않았습니다. 그녀가 드린 예배는 피상적인 것이었을 뿐 생명과 변화를 주는 예배가 아니었습니다. 요한복음 4장에 나오는 수가성 사마리아 여인에 관한 이야기입니다.

예수님과의 만남이 그녀의 인생을 바꾸어 놓았습니다. 그녀는 물동이를 버려두고 자신이 만난 예수 그리스도를 전하기 위해 동네로 뛰어 들어가 사람들을 예수님께로 인도했습니다. 예수님의 말씀은 능력이자 생명 그 자체였습니다. "하나님은 영이시니 예배하는 자가 영과 진리로 예배할지니라"(요 4:24).

영과 진리로 예배드린다는 것은 성령과 교통하며 말씀의 능력을 경험하는 예배를 말합니다. 하나님은 이런 예배를 받으십니다. 특별히 진리는 하나님의 말씀입니다. 예배는 약속의 말씀을 붙잡고 의지하며 드려야 합니다. 성령은 성경의 저자이시기에 말씀과 성령의 관계는 매우 긴밀합니다. 성령은 말씀을 통해 활동하시고 조명하시며 그 안에서 역사하십니다. 성령의 역사, 변화의 역사는 말씀 없이 일어나지 않습니다.

1517년 마르틴 루터(Martin Luther)는 오직 말씀으로 돌아가야 한다며 종교개혁을 이뤄 냈습니다. 그는 무슨 이벤트나 프로그램이나 교육을 생각한 것이 아닙니다. 죽음의 위협 앞에서도 "내 양심은 하나님의 말씀에 사로잡혀 있다"고 고백한 그에게는 '오직 말씀으로 돌아가야 한다'는 생각밖에 없었습니다.

이어지는 17세기 청교도 운동도 '말씀으로의 회복 운동'이었습니다. 18세기에 와서도 나라마다 말씀 선포 운동이 곳곳에서 일어났고 큰 부흥이 나타났습니다. 1907년 평양 장대현교회에서도 말씀의 선포가 있었습니다. 말씀을 들은 성도들이 회개하기 시작했고, 이 회개 운동은 전국으로 퍼져 나갔습니다.

시대마다 부흥의 역사에는 말씀에 집중하고 말씀으로 돌아가게 하시려는 성령의 역사가 있었습니다. 무엇보다도 우리나라 복음의 역사는 특별합니다. 19세기 말에 제물포를 통해 선교사들이 조선 땅을 밟았을 때 이미 이 땅에는 쪽복음 성경이 있었습니다. 이 쪽복음은 만주와 일본 등지로부터 전해졌습니다.

보통 한 민족이 복음화되는 과정을 살펴보면, 선교사들이 먼저 들어오고 그들에 의해 복음이 전해집니다. 선교사가 상륙하기 전에 말씀이 전해진 우리나라를 향한 하나님의 축복은 특별하다고 말할 수 있습니다. 모든 것을 갖춰도 말씀이 없으면 아무것도 아닙니다. 다른 것들을 잃어버려도 말씀을 잃지 않으면 모두 회복할 수 있습니다.

교회 안에는 저마다 사역이 있고 때로는 잘 짜인 훈련 프로그램이 진행될 수 있습니다. 그러나 모든 사역과 훈련은 말씀이 중심되어야 합니다. 말씀을 통해 구원의 축복과 교회가 무엇인지 배우고 영적 성장을 체험하며 구체적으로 예수님의 제자로 살아갈 수 있는 능력을 덧입게 됩니다.

말씀이 살아 있어야 예배가 살고 예배가 살아야 내가 변화되고 예배 없는 곳에 예배를 세울 수 있습니다. 말씀이 있어야 하나님이 기뻐하시는 선교적 삶이 가능합니다. 말씀의 능력을 경험하기 전까지는 잘 모릅니다. 신앙의 시작이 말씀이었듯 마지막도 말씀으로 가야 합니다. 말씀은 구원에 눈뜨게 하고 성장하며 예수님을 닮아 가게 하고 담대하게 전하게 합니다.

다시 말씀으로 돌아갑시다. 무엇이든 한 가지라도 결단하는 것이 필요합니다. 성경을 통독해 보십시오. 큐티를 통해 날마다 말씀과 동행해 보십시오. 가정예배

를 결단해 보시고 새벽예배를 드리는 것도 다시 시작
해 보십시오.

말씀이 우리의 영혼에 들어가면 말씀 자체로 끝나지
않습니다. 말씀이 임한 영혼 속에는 하나님의 나라가
임합니다. 그 안에서 주님의 통치와 다스림이 나타납
니다. 그리고 말씀이 없는 주변 영혼을 향해 달려가게
됩니다.

주여, 수가성 사마리아 여인과 같이 변화돼 주님을 전
하는 말씀의 사람이 되게 하소서. 말씀의 역사로 생명
의 축복이 임하는 이 땅 되게 하소서.

예배자에게
참된 선교가 흐릅니다

어느 교회에서 예배당 카펫을 교체하는 일이 있었습니다. 오래된 카펫을 새롭게 하자는 데는 의견이 모였지만 색깔을 정하는 과정에서 갈등이 시작됐습니다. 한쪽은 기존처럼 붉은색이 예배 분위기에 어울린다며 "예수님의 보혈을 상징한다"고 주장했고, 다른 쪽은 "푸른 초장이 더 따뜻하고 선교적이지 않겠느냐"며 초록색 계열을 지지했습니다. 결국 교회 안에는 '보혈파'와 '초장파'가 나뉘었고 말씀까지 동원한 신학적 논쟁으로 이어졌습니다.

예배당 카펫 색깔을 두고 벌어진 갈등은 본질보다 주변에 집중할 때 교회가 얼마나 쉽게 흔들릴 수 있는지를 보여 주는 사례입니다. 이 일은 단지 예배당의 실내 장식을 두고 벌어진 촌극이 아니라 예배의 본질과 형식 사이에서 무엇이 더 중요한지를 묻는 물음이기도 했습니다.

예배는 교회의 중심이며 선교는 그 예배로부터 흘러나옵니다. 선교란 예배가 없는 곳에 예배를 세우는 일입니다. 하나님을 모르는 이들에게 예수 그리스도의 복음을 전하고 그들이 하나님을 향해 예배할 수 있는 예배자로 서게 하는 것, 그것이 선교의 본질입니다. 그래서 하나님은 진정한 예배자를 통해 선교의 일을 이루십니다.

내가 참된 예배자가 아니면서 다른 이들을 예배로 이끌 수는 없습니다. 예배를 통과하지 않은 선교는 방향을 잃기 쉽고 능력을 잃기 마련입니다. 참된 예배자에게서 참된 선교가 흘러나옵니다.

그렇다면 우리는 자신에게 물어야 합니다. "지금 내가 드리는 예배는 하나님이 받으시는 예배인가?" 같은 자리에 앉아 같은 시간, 같은 순서를 따라도 하나님이 받으시는 예배와 그렇지 않은 예배가 존재합니다. "하나님은 영이시니 예배하는 자가 영과 진리로 예배할지니라"(요 4:24)는 말씀처럼, 예배의 본질은 형식이 아닌 성령과 진리의 교통입니다.

영이신 하나님은 보이지 않는 내면을 보십니다. 예배당의 환경보다 나의 태도와 중심을 살피십니다. 예배 안에 흐르는 말씀의 생명력, 성령의 임재, 하나님께 드리는 마음의 향기가 그분이 받으시는 예배의 기준입니다. 그리고 그런 예배를 통해 선교의 문이 열립니다. 형식을 갖췄다고 해서 예배가 되는 것이 아니라 하나님과의 만남과 반응이 있어야 예배가 살아 움직입니다.

예수님은 제자들에게 "하늘과 땅의 모든 권세를 내게 주셨으니 그러므로 너희는 가서"(마 28:18-19)라고 말씀하셨습니다. 권세를 가지신 분이 왜 직접 가지 않으시고 우리를 보내실까요? 여기에 복음의 전략이 담겨 있습니다. 예수님의 권세가 예배를 통해 우리에게 위임된다는 것입니다.

참된 예배의 자리는 능력의 자리입니다. 그 자리에서 우리는 성령의 임재를 경험하고 주님의 마음과 뜻을 품게 됩니다. 그리고 그 권능으로 세상으로 나아가 복음을 전하게 됩니다. "오직 성령이 너희에게 임하시면 너희가 권능을 받고"(행 1:8)라는 말씀도 같은 맥락입니다. 예배와 선교, 성령의 능력은 분리되지 않고 연결돼 있습니다.

예배는 선교의 출발점이자 동력입니다. 예배가 살아야 선교가 살아납니다. 그러나 오늘날 많은 예배가 본질보다 형식과 외형에 집중하고 있습니다. 앞서 소개한 예화처럼 우리가 부수적인 문제에 집착하는 순간, 예배의 능력도 선교의 열매도 기대하기 어려워집니다.

주님은 진정한 예배자를 찾으십니다. 주님과 깊이 교통하는 영적인 예배, 그것이 회복돼야 합니다. 눈에 보이는 틀을 넘어 살아 계신 하나님을 향한 전심의 예배가 회복될 때 그곳에서부터 선교의 역사는 다시 시작됩니다.

교회 안에서든 삶의 자리에서든 선택과 결정은 늘 필요합니다. 때로는 사소해 보여도 공동체에 갈등을 낳기도 합니다. 하지만 기억해야 할 것은 모든 것이 똑같이 중요한 것은 아니라는 점입니다. 본질을 놓치면 방향을 잃고 맙니다.

예배를 다시 붙듭시다. 예배를 통해 하나님의 마음을 품고, 그분의 권능을 덧입어, 선교의 자리로 다시 나아갑시다. 선교는 예배로부터 시작됩니다. 예배가 살아야 선교가 움직입니다.

STEP 3

세상이 우리를 버린다 해도 주님은 결코 버리지 않으십니다.
우리가 다시 푯대를 향해 달려가는 순간,
주님은 그 길 위에서 우리를 기다리고 계십니다.
하나님이 위에서 부르신 부름의 상을 향해
다시금 믿음으로 달려가기를 바랍니다.

우리를 가정 선교사로
부르십니다

수년 전 선교지에서 선교사 부부를 대상으로 한 가정 사역 세미나 마지막 날이었습니다. 한 부부가 눈물로 고백했습니다. 겉으로 보기엔 많은 사역을 성공적으로 이끌어 온 선교사였지만 사역 이면에 깊은 부부 갈등과 자녀의 상처가 자리하고 있었음을 고백한 것입니다.

아내 선교사는 이렇게 말했습니다. "나는 당신의 아내가 아니라 차라리 선교지의 성도가 되고 싶었어요. 그들에게는 그렇게 친절하고 헌신적이면서 왜 나는 늘 외롭고 상처받아야 했죠?" 남편에게 가정 안에서도 선교사로 살아 주기를 바랐다고 했습니다.

이 고백을 들으며 남편 선교사는 눈물을 흘리며 용서를 구했습니다. 성공한 것처럼 보였지만 주님의 눈에는 실패한 선교였음을 인정한 그 장면이 지금도 잊히지 않습니다.

이러한 이야기는 먼 나라 다른 문화권에서만 일어나는 일이 아닙니다. 내가 사는 이곳, 매일 밥을 먹고 대화하는 우리 가정이 곧 선교지일 수 있습니다. 모든 가족이 예수님을 믿고 있더라도 가정 안의 신앙생활은 교회 밖의 삶과 분리될 수 없습니다. 교회에선 은혜로 충만

하지만 가정에서는 무너지는 모습을 너무도 자주 목격합니다.

특히 가족 중 나만 믿는 경우, 믿음의 외로움이 클 수 있습니다. '다른 집은 가족이 함께 예배드리는데 왜 나는 혼자인가' 싶은 마음이 들 수도 있습니다. 그러나 그런 마음으로 하나님께 나아가 가족을 위한 중보기도의 자리에 서는 것, 그것이 가정 선교의 시작입니다.

가족 중 누군가를 통해 신앙이 들어온다는 것은 단순히 개인의 믿음이 생겼다는 뜻이 아닙니다. 하나님이 그 사람을 통해 가정 전체를 복음화하려는 계획을 세우신 것입니다. 성경은 말합니다. "주 예수를 믿으라 그리하면 너와 네 집이 구원을 받으리라"(행 16:31). 이 말씀은 믿는 자 한 사람에게 주어진 위대한 선교적 약속입니다.

가정 안의 선교는 때로 말보다 삶으로, 눈물로, 기다림으로 이뤄집니다. 전도지보다 한 끼 식사, 긴 설교보다 따뜻한 대화, 가정예배보다 함께 울어 주는 기도가 더 강력한 선교일 수 있습니다.

배우자나 자녀가 거부하거나 무관심하더라도 그것은 하나님의 시간이 아직 도래하지 않았을 뿐입니다. 포기하지 않고 영혼을 향한 사랑과 신실함을 지켜 가는 것, 그것이 선교입니다.

한 성도는 자신의 가정을 '미전도 종족'이라 표현했습니다. 자녀와 대화가 통하지 않고 믿음의 언어가 닿지 않기 때문입니다. 한국말을 쓰지만 정서적으론 다른 문화권처럼 느껴진다는 것입니다. 전 세계를 품은 선교도 귀하지만 내 가정을 품는 선교야말로 가장 절박하고 가장 존귀한 사명입니다. 가정 선교는 단기 선교가 아니라 평생 여정이며 하루하루가 작은 성령 집회입니다.

사도행전의 교회들도 가정에서 시작됐습니다. 마가의 다락방은 예루살렘 교회의 시작이었고 그 집에서 성령의 역사가 일어났습니다. 베드로가 감옥에 갇혔을 때, 성도들이 모여 간절히 기도한 곳도 가정이었습니다. 루디아, 고넬료, 브리스길라와 아굴라의 집에도 교회가 세워졌습니다. 하나님은 가정을 통해 복음의 공동체를 확장하셨습니다.

오늘도 주님은 우리를 가정 선교사로 부르십니다. 식탁 너머 배우자와 마주 앉을 때, 자녀의 방문을 여는 순간, 우리는 선교의 현장에 들어서는 것입니다. 예수님 없는 심령이 선교지이고 예수님 계신 심령이 선교사입니다.

가정에서 드리는 예배는 때로 작고 조용합니다. 거창한 찬양도 설교도 없을 수 있습니다. 그러나 하나님은 그런 작은 순종을 통해 가정 전체를 살리는 능력을 부어 주십니다. 자녀와 손잡고 드리는 짧은 기도, 남편

의 귀에 들리도록 낮게 부르는 찬송 한 구절, 화해의 손
길… 이런 작은 행위들이 가정 선교의 씨앗이 됩니다.

"여호와께서 집을 세우지 아니하시면 세우는 자의 수
고가 헛되며 여호와께서 성을 지키지 아니하시면 파수
꾼의 깨어 있음이 헛되도다"(시 127:1).

가정을 세우는 것도 지키는 것도 하나님이 하십니다.
우리의 순종과 기도가 쌓일 때 가정은 예배의 공동체
로, 선교의 기지로 세워질 수 있습니다. 내가 선교사로
기억되는 가정, 자녀가 부모의 믿음을 보고 신앙을 이
어받는 가정, 그런 가정을 통해 하나님은 이 시대의 구
원을 이뤄 가십니다.

함께
이뤄 갑시다

"그런 교회가 있다면 저도 좀 알려 주세요. 저도 그곳에서 목회하고 싶습니다." 교회와 성도들로 인해 상처받은 한 성도가, 자신이 멘토로 여기는 목회자에게 이렇게 물었다고 합니다. "문제없는 완전한 교회가 있다면 추천해 주세요." 그러자 목회자는 웃으며 앞서와 같이 대답했고, 곧이어 이렇게 덧붙였다고 합니다.
"만일 이 땅에 완전한 교회가 있다 해도 성도님이 그 교회에 들어가는 순간 그 교회는 더는 완전하지 않을지도 모르겠습니다."

자신의 연약함을 인정할 때 비로소 우리는 타인의 연약함도 포용할 수 있습니다. 교회는 불완전한 사람들이 모인 곳이지만 완전하신 주님이 머리 되신 아름답고 신비로운 공동체입니다. 이 땅의 성도들은 예수님을 구주로 믿어 완전한 구원을 받았지만 여전히 성화의 과정을 지나며 날마다 변화해 가는 중입니다.

함께할 수 없는 성도란 없음을 믿음으로 받아들여야 합니다. 구원받은 우리는 천국에서 영원히 함께할 존재들입니다. 이 땅에서는 비록 서로의 부족함이 눈에 띨지라도 주님의 긍휼과 사랑 안에서 동역의 기쁨을 누려야 합니다.

십자가를 지시기 전 예수님이 제자들과 앞으로 세워질 교회와 성도들을 위해 드리신 기도에는, 하나 됨을 통해 세상이 예수님을 믿게 될 것이라는 복음의 원리가 담겨 있습니다(요 17:21).

또한 예수님이 승천 직전 제자들에게 주신 지상 대위임령도 단지 개인이 아닌 공동체 전체에 주신 명령입니다. "너희는 가서 모든 민족을 제자로 삼아 아버지와 아들과 성령의 이름으로 세례를 베풀고 내가 너희에게 분부한 모든 것을 가르쳐 지키게 하라"(마 28:19-20).

"너희"라는 복수형 표현을 통해 주님은 이 사명을 함께 감당하라 명하십니다. 특히 '예수님의 이름'이 아닌 "아버지와 아들과 성령의 이름"이라 하신 표현에는 삼위일체 하나님의 완전한 연합처럼 우리 또한 연합하여 그 명령을 이루라는 주님의 깊은 뜻이 담겨 있다고 생각합니다.

예수님의 제자인 베드로와 요한은 각각의 부르심은 달랐지만 함께 예루살렘 성전에 올라가 기도하는 동역을 나눴습니다(행 3장). 안디옥 교회에서는 바울과 바나바가 함께 선교사로 파송됐고, 2차 선교 여행에는 실라가, 이후 마게도냐 지역으로는 디모데와 누가가 바울과 함께했습니다. 디모데는 바울의 영적 아들이었고, 의사였던 누가는 건강이 좋지 않았던 바울에게 영적·육적으로 큰 힘이 됐을 것입니다.

선교는 하나님이 예비하신 동역자들과의 협력을 통해 이루어집니다. 성도마다 처한 상황과 여건이 다르고 주님이 주신 재능과 자원도 각기 다릅니다. 그러나 우리가 함께 기도하며 서로에게 힘이 되어 줄 때 하나님의 총체적이고 통전적인 선교가 이뤄질 수 있습니다.

사도 바울은 "겸손한 마음으로 각각 자기보다 남을 '낮게' 여기"라고 권면했습니다(빌 2:3). 그러나 우리는 종종 타인을 '낮게' 여깁니다. 선교 현장에서 가장 대표적인 어려움 중 하나가 동역자 간 갈등이라는 사실은 매우 안타까운 일입니다. 하지만 철저한 죄인이었던 나를 끝까지 사랑하신 하나님의 긍휼을 기억할 때 우리는 주 안에서 형제자매 된 동역자들과, 교회 안에서는 성도들과 하나 되어 복음의 사명을 함께 감당할 수 있습니다.

하나님이 내게 주신 선교적 비전이 있다면 그것을 함께 나누고 기도하십시오. 그리고 믿음의 공동체 안에서 동역자를 세우고 함께 그 길을 걸어가십시오.

가족이 선교의 동역자가 되고 교회 성도들이 한마음 한뜻으로 하나님이 교회에 주신 비전을 이뤄 간다면 주님의 기쁨이 클 것입니다. 우리는 주님의 몸 된 교회의 지체로 부르심을 받았고 각자의 자리를 충실히 감당하며 함께 쓰임받기를 소망합니다.

나아가 교단과 교파, 세대와 지역, 삶의 영역을 넘어 복

음 안에서 하나 되어 하나님의 선교적 비전을 이뤄 간
다면 그것이야말로 주님이 원하시는 아름다운 부흥의
모습일 것입니다. 우리는 각자 주님의 군사로 부르심
을 받았지만 이제는 함께 하나님 나라의 군대로 일어
나 힘 있게 쓰임받기를 축복합니다.

하나님의 꿈은
내 한계보다 큽니다

큰 물고기가 걸릴 때마다 조심스럽게 놓아주는 낚시꾼이 있었습니다. 이유를 물었더니 "우리 집 프라이팬이 작아서 큰 물고기는 감당할 수 없소"라고 했습니다. 낚시터에서는 큰 물고기를 잡아 두고 작은 물고기를 방생하는 것이 일반적인데 이 장면은 상식을 뒤

엎는 것이었습니다.

순간, 신앙에서도 이 같은 선택을 하고 있지 않은가 하는 생각이 스쳤습니다. 하나님이 크고 놀라운 계획을 준비하셨음에도 불구하고 우리는 자신의 한계를 핑계 삼아 그 비전을 축소하고 있지는 않습니까? 이것이야말로 신앙의 가장 큰 손해입니다.

19세기 미국 최고의 설교자로 꼽히는 필립스 브룩스(Phillips Brooks, 1835-1893)는 "당신의 능력에 맞는 일을 구하지 말고 당신의 일에 맞는 능력을 구하라"고 말했습니다. 하나님의 비전을 따르는 원리를 명확히 보여 주는 말입니다. 하나님은 우리 능력의 크기에 구애받지 않고 위대한 일을 맡기십니다. 그 비전을 이루는 데 필요한 능력 또한 친히 공급하십니다.

"네 입을 크게 열라 내가 채우리라"(시 81:10)는 말씀을 기억하십시오. 주님은 마태복음 6장 33절에서도 "너희는 먼저 그의 나라와 그의 의를 구하라 그리하면 이 모든 것을 너희에게 더하시리라"고 약속하셨습니다.

세상의 기준으로 위대한 삶은 무엇일까요? 사람마다 다르게 정의될 수 있지만, 하나님의 시선에서 위대한 교회와 성도는 '위대한 명령'에 순종하는 이들입니다. 성경에 기록된 지상 명령은 단순한 권면이 아닙니다. 그것은 예수님이 주신 절대적 사명입니다. 교회 규모나 교단, 성도 수와 상관없이 이 명령에 순종하는 교회가 진정한 의미의 위대한 교회이며 이를 따르는 성도가 위대한 성도입니다.

세계 복음화, 즉 선교라는 비전은 너무 거대해 보일 수도 있습니다. '내 주변에도 복음이 필요한 이들이 많은데 미전도 종족이나 먼 나라의 사람들까지 신경 써야 할까?'라고 생각할 수 있습니다.

지상 명령이 처음 주어졌을 때를 떠올려 보십시오. 예

수님의 제자들조차 부활하신 주님을 보며 의심했습니다. 주님은 그들에게 "유대 땅을 넘어 모든 민족을 제자로 삼으라"는 비전을 주셨습니다. 그리고 사도행전 1장에서 "예루살렘과 온 유대와 사마리아와 땅끝까지 이르러 내 증인이 되리라"(행 1:8)는 말씀을 남기고 승천하셨습니다. 선교는 하나님의 명령이며 비전입니다.

하나님은 큰 그림을 그리십니다. 주님이 시몬을 부르시며 '반석'이라는 뜻의 베드로라는 이름을 주신 것도 그의 현재가 아닌 미래를 보셨기 때문입니다. 나다나엘에게도 "이보다 더 큰 일을 보리라"(요 1:50)고 말씀하셨습니다.

성령이 임하시면 예언하고 환상을 보며 꿈을 꾸게 된다고 하신 약속은 우리의 현실이 아무리 척박해도 하나님의 비전을 향해 나아갈 수 있음을 의미합니다. 하나님은 광야에 길을 내시고, 사막에 강을 만드시는 분입니다(사 43:19). 에스겔 37장에서 마른 뼈들이 하나님의 말씀을 통해 살아나 군대로 일어선 것처럼 하나님의 말씀은 불가능을 가능하게 만듭니다.

'현대 선교의 아버지'로 불리는 영국의 윌리엄 캐리(William Carrey, 1761-1834)는 "하나님께 위대한 일을 기대하라. 그리고 하나님을 위해 위대한 일을 시도하라"고 말했습니다. 믿음의 눈으로 하나님의 비전을 보지 않으면 그 비전을 이룰 수 없습니다.

가나안 땅을 정탐한 열두 명의 정탐꾼이 같은 땅을 보고도 서로 다른 결론을 내린 것을 기억하십시오. 열 명은 가나안 사람들을 보고 두려워했지만, 여호수아와 갈렙은 "그들은 우리의 먹이라 … 여호와는 우리와 함께하시느니라"(민 14:9)고 믿음으로 선포했습니다. 결국 출애굽 1세대 중 약속의 땅을 밟은 이들은 이 두 사람뿐이었습니다.

우리의 시야에 한계가 있을지라도 하나님은 가능성을

보십니다. 하나님의 꿈이 나의 비전이 될 때 우리의 삶은 변화됩니다. 단순한 변화가 아니라 세상을 향한 하나님의 위대한 계획에 참여하게 됩니다.

내가 있는 곳에서 입을 크게 열어 복음을 선포하고 믿음으로 세계 선교에 헌신하십시오. 하나님이 위대한 교회와 위대한 성도로 우리를 세우실 것입니다. 이 길을 가는 모든 이에게 하나님의 은혜와 축복이 함께하기를 바랍니다.

믿음으로 심으면
반드시 자랍니다

140년 전인 1885년 부활절 아침 호러스 언더우드(Horace G. Underwood)와 헨리 아펜젤러(Henry G. Appenzeller) 선교사가 조선 땅에 복음을 들고 들어왔습니다. 이후 수많은 선교사가 이 땅을 찾아 복음을 전했고 그들의 헌신은 풍성한 결실로 이어졌습니다.

그러나 그보다 앞서 복음을 품고 조선을 찾은 이들이 있었음을 잊지 말아야 합니다. 비록 당대에 가시적인 열매를 보지 못했다 해도 그들의 작은 헌신은 이 민족이 복음을 받아들이는 영적 밭을 갈아 놓는 복음의 씨앗이 됐습니다. 본격적인 선교가 시작되기 전 이미 우리말로 번역된 쪽복음이 존재했고 예수님을 믿는 성도들도 있었습니다.

1866년 당시 26세였던 로버트 토마스(Robert J. Thomas) 선교사는 복음을 품고 조선을 찾았으나 대동강에서 순교의 제물이 됐습니다. 쇄국정책 아래 제너럴서먼호는 불탔고 그는 육지로 올라 성경 몇 권을 전한 뒤 생을 마감했습니다.

복음을 전하지 못한 채 생을 마친 듯 보였지만 그가 남긴 성경은 일곱 살 최치량의 손을 거쳐 박영식에게 전달됐습니다. 박영식은 성경 종이의 질이 좋아 그것을 자신의 집 벽지로 사용했고, 수년 후 이 여관을 찾은 사무엘 마펫(Samuel A. Moffett) 선교사는 벽지를 보고 놀라 그 집을 널다리골교회로 세웠습니다. 이 교회는 후일 평양 대부흥 운동의 중심지인 장대현교회의 시초가 됩니다. 당대에는 의미 없이 사라진 것처럼 보였던 순교가 40년 후 부흥의 도화선이 된 것입니다.

선교 사역은 때로는 무의미한 수고처럼 느껴질 수 있습니다. 묻히고 마는 것은 아닐지, 헛된 열정으로 끝나는 것은 아닐지 회의가 들기도 합니다. 그러나 하나님은 미약한 헌신조차 잊지 않으시며 반드시 열매 맺게 하십니다. 사도 바울은 고린도전서 3장 6절에서 고백합니다. "나는 심었고 아볼로는 물을 주었으되 오직 하나님께서 자라나게 하셨나니."

마가복음 4장의 겨자씨 비유도 이를 뒷받침합니다. 하나님의 나라는 겨자씨와 같습니다. 작고 보잘것없는 씨앗이지만 땅에 심기면 자라나 나무가 되고 그 가지 아래 새들이 깃드는 생명의 터전이 됩니다.

물론 작다고 모두 귀한 것은 아닙니다. 씨앗에 생명이 있느냐가 관건입니다. 아무리 거대하고 눈길을 끄는 것이라도 생명이 없다면 그것은 쓰레기 더미에 지나지 않습니다. 반면 복음은 살아 있는 씨앗입니다. 아무리 연약하고 작아 보여도 그 안에 생명이 있기만 하다면 심기고, 반드시 자라 열매를 맺습니다.

오늘 우리가 누리고 있는 신앙의 자유와 선교의 축복은 결코 우연히 주어진 것이 아닙니다. 누군가는 복음을 들고 이 땅에 발을 디뎠고, 누군가는 시간과 물질, 삶을 기꺼이 바쳤습니다. 믿음의 선배들이 눈물로 기도하며 생명을 다해 복음의 씨앗을 심고 물을 줬습니다. 그 뿌리 위에 우리가 서 있습니다. 선교사들의 헌신과 신앙 선배들의 순종이 없었다면 오늘의 풍성함은 없었을 것입니다.

이제는 우리의 차례입니다. 실망하지 말고 선교의 씨앗을 심어야 합니다. 지금 우리가 심는 작은 씨앗이 내일의 열매가 될 수도 있고, 때로는 다음 세대의 결실로 이어질 수도 있습니다. 마태복음 10장 42절에서 주님은 이렇게 말씀하십니다. "또 누구든지 제자의 이름으로 이 작은 자 중 하나에게 냉수 한 그릇이라도 주는 자는 내가 진실로 너희에게 이르노니 그 사람이 결단코 상을 잃지 아니하리라."

선교는 거창한 과업만을 뜻하지 않습니다. 오히려 일상의 자리에서 시작됩니다. 무릎을 꿇고 기도하십시오. 자신의 물질을 복음 전파를 위해 드려 보십시오. 시간을 내어 이웃의 영혼을 품고 위로와 격려, 축복의 말을 전하십시오. 그 한마디가 누군가에게는 생명의 문이 될 수 있습니다.

자신의 재능과 전문성을 선교를 위해 사용해 보십시오. 아니, 예수님처럼 삶 전체를 하나님의 영광과 복음을 위해 기꺼이 드리십시오. 하나님이 반드시 자라게 하시며, 그분의 때에 아름다운 열매를 맺게 하십니다.

요한복음 12장 24절 말씀은 오늘도 우리를 부릅니다. "내가 진실로 진실로 너희에게 이르노니 한 알의 밀이 땅에 떨어져 죽지 아니하면 한 알 그대로 있고 죽으면 많은 열매를 맺느니라." 지금 심으십시오. 작아 보여도 괜찮습니다. 결과가 더뎌도 낙심하지 마십시오. 하나님이 반드시 일하십니다. 실망하지 말고 믿음으로.

푯대를 향해
끝까지 달려갑시다

"세상이 나를 버렸습니다." 한 성도의 고백입니다. 그는 어린 시절부터 신앙생활을 해 왔고 하나님의 영광을 위해 살겠다는 결심으로 직장 생활에 매진했습니다. 빠른 승진과 성과로 주변의 인정을 받으며 성공 가도를 달렸지만 내면은 점점 지쳐 가고 있었습니다.

결국 감정적으로 버티기 힘든 상황에 이르렀고 병원을 찾은 끝에 번아웃 증후군이라는 진단을 받았습니다. 직장을 그만두고 집에서 지내는 시간이 길어졌습니다. 삶의 궤도가 무너졌을 때 그는 자신이 세상에 버림받았다고 느꼈습니다.

그러나 시간이 지나며 그는 또 다른 고백을 내놓았습니다. 세상은 자신을 외면했지만 하나님은 결코 자신을 버리지 않으신다는 확신이 생겼다고 했습니다. 하나님의 영광을 말하면서도 실상은 세상의 기준과 성취를 좇아 살아왔다는 사실을 깨달았고 삶의 방향을 다시 하나님께로 돌리게 됐다는 것입니다.

그는 점차 회복됐습니다. 몸과 마음이 건강해졌고, 무엇보다 신앙이 회복됐습니다. 다시 직장에 들어가 일을 시작했지만 이제는 전혀 다른 가치와 목표를 가지고 살아간다고 고백했습니다.

삶을 열심히 살아간다는 것은 중요합니다. 그러나 열
정만으로는 부족합니다. 어떤 방향으로 달려가고 있는
지가 더욱 중요합니다.

오늘날 많은 사람이 겪는 어려움 중 하나는 침체(de-
pression)입니다. 우울감과 무기력, 소진과 같은 증상이
일상을 마비시킵니다. 의욕을 잃은 사람은 아무리 많
은 능력을 갖추고 있어도 삶을 움직이기 어렵습니다.
그러나 문제는 열정이 향하는 방향입니다.

사도 바울은 로마의 감옥 시절 쓴 빌립보서에서 "푯대
를 향하여 그리스도 예수 안에서 하나님이 위에서 부
르신 부름의 상을 위하여 달려가노라"(빌 3:14)고 고백했
습니다. 감옥 안, 인간적으로 보면 달릴 수 없는 상황이
었습니다. 하지만 바울은 달리고 있었습니다. 환경에
갇히지 않았고 사명을 잃지 않았습니다.

바울은 그곳에서 편지를 써 성도들을 위로했고 자신을

지키던 로마 친위대 군인들에게도 복음을 전했습니다. 무엇보다 그는 잘못된 방향으로 달리지 않았습니다. 그의 열정은 "하나님이 위에서 부르신 부름의 상"을 향해 있었고 그 푯대를 정확히 바라보고 있었습니다.

세상이 주는 상은 부차적이며 때로는 위험하기도 합니다. 물론 하나님은 이 땅에서도 복을 주십니다. 하지만 신앙인의 궁극적인 목표는 하나님 나라에 있습니다. 하늘의 상이 우리가 달려가야 할 바른 푯대가 돼야 합니다.

히브리서 11장 6절은 이렇게 말합니다. "믿음이 없이는 하나님을 기쁘시게 하지 못하나니 하나님께 나아가는 자는 반드시 그가 계신 것과 또한 그가 자기를 찾는 자들에게 상 주시는 이심을 믿어야 할지니라." 하나님이 기뻐하시는 삶은 믿음의 삶이며 그 믿음은 부르심을 따라 걷고 달리는 삶으로 드러납니다.

하나님이 주신 부르심에는 두 가지가 있습니다. 첫째
는 구원을 위한 부르심입니다. 모든 사람을 향한 하나
님의 뜻은 예수 그리스도를 믿고 영원한 생명을 얻는
것입니다. 둘째는 사명을 위한 부르심입니다. 구원받
은 자는 이 세상 가운데 복음을 전하며 다른 이들도 구
원으로 이끄는 사명을 맡습니다. 구원받은 자에게는
반드시 가야 할 길이 있습니다. 머무는 것이 아니라 달
려가야 합니다.

사도 바울은 그 길을 달렸습니다. 다메섹 도상에서 예
수님을 만난 사건, 안디옥 교회에서의 파송, 세 차례에
걸친 선교 여행, 로마에서의 투옥까지. 그에게는 수많
은 간증이 있지만, 지금도 여전히 달리고 있다고 고백
했습니다.

복음의 능력은 한순간에만 머무르지 않습니다. 과거의
간증만으로는 오늘을 살아갈 수 없습니다. 복음은 지
금도 살아 역사하며 오늘의 삶과 내일의 결단 속에 살

아 숨 쉽니다.

한국 교회 역시 수많은 선교의 열매와 간증을 간직하고 있습니다. 그러나 그 모든 것이 끝은 아닙니다. 하나님이 아직 끝났다고 말씀하시지 않았습니다. 중요한 것은 지금 다시 일어나 달려가는 것입니다.

세상이 우리를 버린다 해도 주님은 결코 우리를 버리지 않으십니다. 우리가 다시 푯대를 향해 달려가는 순간, 주님은 그 길 위에서 우리를 기다리고 계십니다. 하나님이 위에서 부르신 부름의 상을 향해 다시금 믿음으로 달려가기를 바랍니다. 흔들리지 않고 낙심하지 않고 끝까지 달려가는 복된 삶이 되기를 기도합니다.